ARMÉE DU NORD

RÉPONSE A LA RELATION

DU GÉNÉRAL VON GOEBEN

PARIS

IMPRIMERIE BALITOUT, QUESTROY ET Cᵉ
7 rue Baillif, et rue de Valois, 18.

ARMÉE DU NORD

RÉPONSE

A LA RELATION

DU GÉNÉRAL VON GOEBEN

POUR FAIRE SUITE A LA

CAMPAGNE DE L'ARMÉE DU NORD

PAR

Le Général FAIDHERBE

PARIS

E. DENTU, LIBRAIRE-ÉDITEUR

Palais-Royal, 17-19, Galerie d'Orléans

—

1873

RÉPONSE

A LA RELATION

DU GÉNÉRAL VON GOEBEN

Le général Von Gœben a publié dans l'*Allgemeine militar Zeitung,* journal militaire de Darmstadt, un récit des opérations de la première armée allemande pendant la guerre de 1870-1871. Le directeur de ce journal, officier prussien, a envoyé ce travail au général Faidherbe *en provoquant très courtoisement une réponse, des observations* qui pussent conduire à *la connaissance de la vérité* par la comparaison des documents contradictoires.

C'est qu'en effet, dans son travail, le général Von Gœben contredit beaucoup d'assertions contenues dans la relation de la campagne du Nord par le général Faidherbe. Que les deux relations ne fussent pas toujours d'accord, c'eût été tout naturel; les récits d'une même affaire par les deux partis opposés se ressemblent rarement, bien que de part et d'autre on se

croie de bonne foi. Un sentiment légitime d'amour-
propre national influe sur la manière dont on voit les
choses. Aussi, si les Allemands s'étaient bornés à pu-
blier en Allemagne une relation différente de la relation française, mais non sous forme de controverse,
nous n'y aurions pas répondu, car on comprend combien il est pénible pour nous de revenir sur les événements de cette époque néfaste. Mais le général Von
Gœben, non-seulement *conteste l'exactitude du récit*
français, mais il met en quelque sorte en cause notre
caractère national; il ne doute pas de la bonne foi du
général Faidherbe,« mais, dit-il, le général est Français et il a puisé à des sources françaises. » Il semble
donc que, par cela seul qu'on est Français on ne
puisse voir juste et se tenir dans les limites de la
vérité, tandis que les Allemands ne sauraient s'en
écarter de si peu que ce soit. Nous verrons tout à
l'heure s'il en est ainsi.

Le général Von Gœben eût pu rendre plus de jus-
tice à cette armée française improvisée qu'il a com-
battue; il n'eut eu qu'à imiter le général en chef de
cette armée qui, dans son ouvrage, avait fait un si bel
éloge de l'armée prussienne, en disant (page 102) :

« Nous ne croyons pas qu'il soit possible d'aller au·
delà en fait d'organisation militaire, et de plus un
excellent esprit semble animer tout le monde; il faut
qu'il y ait dans cette armée, depuis le simple soldat
jusqu'au général, je dirai même jusqu'au souverain,
une grande confiance et même une grande estime ré-
ciproque. »

L'auteur allemand est, au contraire, très sévère dans

les jugements qu'il porte sur nous; que les Français aient des défauts, nous ne le nierons pas; ils en sont assez cruellement punis; mais c'est une raison pour ne pas les exagérer, et nous prétendons que les rapports des généraux et officiers de l'armée du Nord, qui ont servi à établir le récit du général Faidherbe, sont sincères et véridiques, et que, lorsqu'il y a contradiction matérielle entre les documents des deux partis, les erreurs peuvent être aussi bien attribuées aux Allemands qu'aux Français.

Est-ce à dire que nous allons recommencer d'un bout à l'autre, le récit de cette campagne? Dieu nous en garde! Des considérations générales, quelques faits pris pour exemples, cela suffira. Faire plus serait inutile et fastidieux pour tout le monde.

Nous parlerons d'abord du nombre des morts et des blessés qu'on s'attribue réciproquement après un engagement. Eh! bien, il y a dans ces évaluations une certaine élasticité qui explique bien des divergences. Le chef, grand ou petit, dans son rapport, s'il veut faire valoir l'importance de l'engagement, compte les moindres blessures, les égratignures, les contusions, et les hommes s'y prêtent volontiers; les plus légèrement touchés sont les plus enchantés de faire porter une blessure sur leurs états du service. Si l'on est dominé au contraire par l'idée de prouver qu'on a eu l'avantage sur l'ennemi, on sera porté à réduire ses propres pertes relativement aux siennes et on ne comptera que les blessures qui méritent ce nom et qui font entrer à l'ambulance ou à l'hôpital. Ces deux manières de compter peuvent donner une notable différence dans les chiffres. Quant à l'état-major de l'armée du Nord, qui avait à centraliser et à contrôler les rapports particuliers, il était trop occupé pour avoir beaucoup de temps à consacrer aux questions de statistique. Il est probable qu'il en était de même dans l'armée ennemie.

Pour donner un exemple des écarts des deux relations en ce qui concerne les pertes, nous n'avons qu'à citer le premier paragraphe du général Von Gœben, dans lequel il donne un récit contradictoire du combat de Mézières (près Amiens), livré le 24 novembre 1870 par une partie de la brigade du Bessol à une reconnaissance prussienne. M. du Bessol, qui resta maître du terrain, dit dans son rapport que l'ennemi emporta ses morts et ses blessés au moyen de sept voitures et que nos pertes furent *peu importantes*.

Le général Von Gœben, qui critique vivement le récit français de cette affaire, déclare n'avoir eu que 24 hommes et 2 chevaux tués ou blessés, et il prétend avoir appris d'une manière positive que les Français avaient perdu 200 à 250 hommes tant tués que blessés; que dans la dernière attaque dirigée par les Français sur la ferme de la Maison-Blanche, on put s'assurer que sur le front des chasseurs (*sic*) plus de 80 tués ou grièvement blessés avaient été laissés sur place. Or, voici l'état officiel de nos pertes dans cette affaire : infanterie de marine, 10 tués, 15 blessés; 43ᵉ de marche, 1 blessé; mobiles du Nord, 1 blessé; artillerie, 1 tué, 3 blessés; total : 11 tués, 20 blessés. Les Allemands ont pris l'infanterie de marine pour des chasseurs, parce que ce corps n'a pas de pantalons rouges.

Si les blessés prussiens étaient à l'aise dans les sept
voitures mentionnées par le rapport français, la mul-
tiplication par 8 de nos pertes par les Prussiens nous
donne dès à présent la preuve que nous ne pouvons
croire les yeux fermés à leurs évaluations.

Le fait est qu'à Villers-Bretonneux (Amiens), à
Pont-Noyelles et à Bapaume, les pertes furent sensi-
blement égales de part et d'autre, comme cela se
comprend très bien d'après la nature de ces engagements. Si les Prussiens étaient supérieurs en artillerie, nous avions de meilleurs fusils qu'eux.

A Saint-Quentin, la relation du général Faidherbe
accuse 3,000 tués ou blessés et évalue les pertes prussiennes à environ 5,000 hommes A cela, le général
Von Gœben objecte que 3,000 Français tués ou blessés
restèrent à Saint-Quentin ou dans les localités voi-
sines; mais que beaucoup d'hommes légèrement
blessés durent suivre l'armée française; qu'en consé-
quence, il se croit en droit d'évaluer à 4,000 hommes
les pertes françaises; que quant aux siennes, elles furent de 2,503 hommes tués ou blessés et de 236 chevaux. Or, une dépêche officielle prussienne de Versailles, en date du 25 janvier 1871, porte : les pertes
de la première armée allemande, dans la bataille de
Saint-Quentin, s'élèvent à 94 officiers et environ
3,000 hommes tués ou blessés.

Quand on avoue dans un premier moment une perte
approximative de 3,094 hommes, avec la tendance na-
turelle qu'on a de rester en dessous plutôt que d'exagérer, c'est que la perte réelle ne va pas loin de
4,000 hommes, et c'est d'après ce télégramme et d'a-

près les rapports ultérieurs qu'il avait reçus de Saint-Quentin et des environs, que le général Faidherbe avait évalué à environ 5,000 hommes tués ou blessés les pertes prussiennes, en y comprenant celles du combat très sérieux de Vermand et des autres engagements du 18, comme il l'avait fait pour ses propres pertes.

Il est bien difficile d'admettre, d'après le télégramme cité plus haut et des renseignements divers, que les pertes des Prussiens, dans les deux journées, n'aient pas atteint au moins 4,000 hommes. Mais c'est ici le cas de se rappeler ce que nous avons dit en commençant sur la manière ou plutôt sur les manières de compter les blessés. Quant aux pertes françaises, si elles ont dépassé 3,000 hommes, ce ne peut être que d'un chiffre très faible.

Mais c'est assez sur ce triste calcul d'hommes tués ou blessés! Plût au ciel que tous les malheureux qui ont été victimes de cette guerre funeste fussent aujourd'hui vivants et bien portants! Nous ne verrions pas tant de familles en deuil.

Le général Von Gœben prétend que nous avons un talent tout particulier pour présenter une affaire sous un jour trompeur, pour transformer une défaite en victoire. On va juger qui, de nous ou des Allemands, mérite ce reproche. Il s'agit d'une attaque d'une arrière-garde française par des cuirassiers prussiens, le 4 janvier 1870, le lendemain de la bataille de Bapaume, alors que l'armée prussienne, battant en retraite, se couvrait et faisait observer les mouvements de l'armée française par sa nombreuse cavalerie. Le gé-

néral Faidherbe, dans son livre, résume l'affaire en
cinq lignes (page 48). « Deux escadrons de cuirassiers
prussiens ayant eu l'idée d'attaquer l'arrière-garde
d'une brigade de la division du Bessol, cette arrière-
garde, composée de chasseurs à pied, les attendit à
cinquante pas, détruisit presque complétement un des
deux escadrons, et l'autre prit la fuite. » Le général
Von Gœben n'admet pas cette version, et il en donne
une toute autre. Il dit d'abord que l'escadron qui atta-
qua était d'un faible effectif, et que l'autre fut arrêté
dans sa charge par des obstacles de terrain. Que le
capitaine qui commandait le premier de ces escadrons
rompit complétement un premier carré français, et
que, ne pouvant rompre le second, parce qu'ils se
trouvaient désunis par le succès même, les cuirassiers
se retirèrent tranquillement, emmenant 30 prisonniers et leur chef grièvement blessé. Or, pour montrer qui de nous ou des Prussiens est passé maître en
l'art de farder la vérité, nous allons donner en détail
le rapport de cette affaire, et on verra comme tout y
est naturel, vrai autant que vraisemblable, et combien
la réalité ressemble peu à la version du général Von
Gœben.

La division du Bessol suivait le chemin creux de
Biefvillers à Bihucourt. Son arrière-garde était composée du 20ᵉ bataillon de chasseurs de marche, fort de
450 hommes au plus, et commandé par le chef de bataillon Hecquet. Le commandant aperçut à 1,500 mètres de distance, sur sa droite, une forte colonne de
cavalerie prussienne suivant la route de Bapaume à
Arras. Il vit deux escadrons de cuirassiers s'en déta-

cher, puis se séparer comme pour venir l'attaquer
l'un en tête, l'autre en queue. Il y avait pour extrême
arrière-garde, 20 chasseurs avec un officier. Le commandant leur donna l'ordre d'envoyer quelques coups
de fusil à l'escadron qui se dirigeait vers eux, quand
il serait à 500 mètres, et puis de rallier vivement le
bataillon. Cela fut fait exactement et sans difficulté.
Pendant ce temps, M. Hecquet avait sorti son bataillon du chemin creux, en gravissant le talus de gauche,
et il s'était formé en carré dans les champs à 50 mètres du chemin creux; les faces menacées de tête et de
queue étaient renforcées et les premiers rangs à ge-
noux. L'escadron qui avait reçu le feu de l'extrême
arrière-garde avait continué sa marche et traversé le
chemin creux à l'endroit même d'où on avait tiré sur
lui, mais où il n'y avait plus personne (c'est ce que le
rapport prussien appelle : rompre un premier carré);
se trouvant alors de plain pied avec le bataillon de
chasseurs formé en carré, il avait bravement chargé
à fond. Les chasseurs, sans broncher, ouvrirent le feu
à bonne distance; le commandant de l'escadron fut
abattu le premier à 80 mètres, puis hommes et chevaux tombèrent et roulèrent sous les balles. Ceux
qui vinrent tomber le plus près du carré étaient encore à plus de 10 mètres. Ceux, en petit nombre, qui
ne furent pas abattus, passèrent entre le carré et le
chemin creux, franchirent celui-ci et s'enfuirent, qui
à pied, qui à cheval, dans la direction de la colonne de
cavalerie. Un jeune lieutenant non blessé resta engagé
sous son cheval auprès du carré : c'était le neveu du
général comte de Grœben, commandant la division

de cavalerie prussienne. Il refusa de se rendre à un sapeur du bataillon et remit avec beaucoup de dignité son sabre au commandant Hecquet.

Pendant que cela se passait, l'autre escadron avait aussi dessiné une charge, mais trouvant, déjà sous le feu du bataillon, le chemin creux qui l'arrêta, et voyant l'autre escadron déconfit, il fit demi-tour et s'éloigna. Alors le 20ᵉ bataillon de chasseurs reprit sa marche en carré, pour le cas où une plus grande force de cavalerie prussienne viendrait l'attaquer, ce qui n'arriva pas, parce que le général du Bessol, à 1,000 mètres de là voyant ce qui se passait, avait déjà déployé des troupes en bataille, pour secourir son arrière-garde, s'il en eût été besoin. Un seul chasseur avait été légèrement blessé d'une balle de pistolet. Pas un, comme on le comprend bien, ne fut pris par l'ennemi. Si les cuirassiers prussiens ont ramassé dans les environs quelques traînards, cela n'a aucun rapport avec l'attaque du 20ᵉ bataillon. Les pertes de l'escadron montent d'après le récit prussien à 32 hommes dont 5 prisonniers et 57 chevaux, et ce qui prouve combien le rapport du commandant Hecquet était exact, c'est qu'il évalue les pertes de l'ennemi à 25 ou 30 hommes et 60 chevaux. Qu'on juge maintenant laquelle des deux relations des deux généraux en chef est la plus fidèle, la plus conforme à la vérité. Cette mésaventure des cuirassiers prussiens n'a peut-être pas été sans influence sur ce fait que, à la bataille de Saint-Quentin, les 52 escadrons de l'armée prussienne n'ont pas tenté plus sérieusement de couper la retraite à l'armée française.

Nous ne pouvons résister au désir de faire en passant une observation sur la cavalerie cuirassée : nous sommes convaincus qu'avec les armes à feu actuelles il n'y a plus de place sur un champ de bataille pour un escadron de cavalerie. Nous pensons aussi qu'il ne devrait plus y avoir de cavalerie cuirassée ; mais nous ajouterons que, si on en veut à tout prix, ce sont les chevaux qu'il faut cuirasser, comme on le faisait au moyen âge, et non les cavaliers. Nous voyons un escadron perdre en nombres ronds 60 chevaux et seulement 30 hommes ; le double en chevaux qu'en hommes. Or, qu'est-ce qu'un cuirassier démonté ? — Supposons les chevaux garantis et les hommes non, nous aurons une proportion à peu près inverse dans les pertes ; et, comme les chevaux sans cavaliers, s'ils sont intacts, n'en courent que mieux avec les autres, on aura deux fois plus de chances d'enfoncer l'obstacle.

Le récit prussien de l'affaire du 20ᵉ bataillon de chasseurs est, comme on l'a vu, de haute fantaisie ; mais on a trouvé plus fort que cela dans un ordre du jour prussien daté d'Amiens le 14 janvier. Cet ordre du jour raconte qu'un colonel de hussards, en reconnaissance avec une colonne, a canonné et incendié Bapaume et qu'il s'est alors retiré faiblement poursuivi et sans aucune perte. Or, ce jour-là, le général en chef de l'armée du Nord était dans Bapaume avec une division et personne ne s'est aperçu que la ville fut canonnée et incendiée ! On apprit bien par les grand'gardes qu'une troupe ennemie avait été aperçue un instant à quelques kilomètres de la ville, mais, n'ayant pas de cavalerie, on ne dérangea personne pour la poursuivre.

Il faut donc que nos adversaires renoncent à la prétention d'avoir le privilége d'une exactitude constante et absolue. Ils ont, hélas ! leurs faiblesses comme les Français, et sont, comme tous les hommes, sujets à l'erreur.

Le général Von Gœben revient, mais en quelques mots seulement, sur la bataille de Bapaume. Il ne peut certes pas nier que le 3 au soir les Français avaient enlevé de vive force les villages d'Achiet-le-Grand, de Biefvillers, de Grevillers, de Behagnies, de Sapignies, de Mory, de Favreuil, d'Avesnes-lez-Bapaume et de Tilloy ; que l'armée française coucha dans les villages conquis, que l'armée prussienne, le soir de la bataille et dans la matinée du lendemain, se mit en retraite sur les routes de Saint-Quentin, Péronne et Amiens ; mais ce fut, dit-il, par suite de l'extrême réduction des munitions d'artillerie et avec la parfaite conscience que la victoire lui appartenait. Nous ne dirons qu'une chose, c'est que cela dénote chez elle une foi robuste!

Il y a aussi de grandes contestations au sujet des forces respectives des deux armées. Le général prussien dit non-seulement nous avoir battus partout et toujours, mais il prétend l'avoir fait toujours avec des forces bien inférieures. Cela n'est pas exact, mais d'ailleurs il ne faudrait pas se borner à comparer les nombres de bataillons; il faut tenir compte aussi de la nature des troupes. Il semble qu'il ait eu affaire à une armée d'une organisation parfaite comme la sienne. Certes, l'armée du Nord a été admirable, eu égard à sa composition, mais ce n'était pas une armée normale. Chefs improvisés, pas de corps d'état-major, artillerie hétérogène, pas une troupe vraiment régulière; car peut-on donner ce nom à ces bataillons de marche de chasseurs ou de la ligne, formés en toute hâte, au moyen de deux compagnies de dépôt et de recrues, avec un nombre insuffisant d'officiers et de sous-officiers de toute provenance, ou à ces braves fusiliers-marins combattant hors de leur élément? En temps ordinaire eût-on osé envoyer à l'armée de pareilles troupes? Eh bien! c'est là ce que nous appelions nos troupes régulières; ce sont ces troupes qui formaient nos têtes de colonne, qui tous les quinze jours tenaient tête aux Prussiens dans une rencontre, diminuant chaque fois d'un quart de leur effectif par le feu de l'ennemi, par la fatigue et les privations.

Avec ces troupes dites régulières, nous avions les bataillons de mobiles que les Prussiens appelaient des collégiens, collégiens dont, en tout cas, ils ont plus d'une fois éprouvé la valeur, et les bataillons de garde nationale mobilisée dont beaucoup n'étaient armés que de fusils à percussion et dont le plus grand nombre n'avait pas même tiré à la cible avant de marcher à l'ennemi. A Saint-Quentin, on avait même été obligé, pour compléter les bataillons de troupes dites régulières, d'y incorporer des mobilisés qui, bien encadrés, se conduisirent comme de vieux soldats. C'est là la gloire de l'armée du Nord; c'est d'avoir montré que le Français n'est pas dégénéré comme soldat, et qu'avec un peu moins d'imprévoyance, les mobiles et les mobilisés nous eussent fourni d'excellents éléments pour une guerre vraiment nationale.

Quant à la bataille de Saint-Quentin, le général Von Gœben prétend opposer au *récit fantaisiste* du général Faidherbe les vrais événements. Il la raconte dans de grands détails avec la prétention de lui rendre sa véritable physionomie. Eh bien ! non : il n'en donne pas une image fidèle : 1° parce qu'il passe complétement sous silence cette différence de nature des deux armées dont nous venons de parler ; 2° parce qu'il nie que les renforts qu'il a reçus aient eu de l'influence sur le sort de la journée ; 3° parce qu'il prétend avoir fait de nombreux prisonniers sur le champ de bataille Qui voudrait donner une juste idée de cette bataille dirait : le 19 janvier se rencontrèrent autour de Saint-Quentin, d'une part, une armée allemande forte de 38 bataillons d'infanterie prussienne, de 52 escadrons. de cavalerie et de 161 pièces d'artillerie, toutes troupes aguerries formant cinq divisions et une réserve, et auxquelles arriva dans l'après-midi et dans la nuit un renfort de 10,000 hommes de Paris (du 4° corps) par le chemin de fer de Soissons, Laon et La Fère ; et, d'autre part, une armée française improvisée dans des circonstances désastreuses, formée de 24 bataillons de marche, de 18 bataillons de garde nationale mobile et de 14 bataillons de garde nationale mobilisée en partie armés de simples fusils à percussion ; total illusoire de 56 bataillons, plus 5 escadrons de dragons employés principalement à former les escortes des officiers généraux, et à rallier les hommes débandés ; plus enfin 98 pièces d'artillerie. Après une lutte qui dura toute la journée, et où les pertes prussiennes

2.

furent au moins égales à celles de l'armée française,
celle-ci à bout de forces, à l'arrivée de renforts consi-
dérables à l'ennemi, abandonna le champ de bataille
et la ville de Saint-Quentin, emmenant ses 15 batte-
ries de campagne et son convoi, malgré la présence des
52 escadrons de cavalerie ennemie qui, du reste, ne
cherchèrent pas très vigoureusement à l'en empêcher.
Quelques compagnies cernées le soir dans la ville, en
soutenant la retraite avec le général Paulze d'Ivoy et
tous les hommes débandés depuis la veille au soir (4 à
5,000), et dispersés dans la ville, dans les faubourgs,
dans les villages et les fermes des environs, ceux enfin
qui ne purent pas suivre la retraite pour cause de fai-
blesse, de fatigue ou de manque de chaussures, tombèrent entre les mains des Prussiens au nombre de
7 à 8,000 hommes.

Vingt jours après, l'armée du Nord, rétablie dans les
places fortes de Cambrai, Douai, Lille, Valenciennes
et Arras, était prête à reprendre les opérations. Une
revue de la division Derroja, passée vers le 15 février
sur les glacis d'Arras, par un beau soleil et un froid de
10 degrés, laissera des souvenirs qui ne s'effaceront
jamais dans l'esprit de ceux qui y ont assisté, car
c'était un spectacle bien réjouissant pour le cœur d'un
militaire que la vue de ces jeunes et vaillantes troupes
qui avaient livré quatre batailles en deux mois, et qui,
leurs vides comblés pour la quatrième fois, se trouvaient ravitaillées, reposées reconfortées, grâce à l'ac-
tivité de leur général de division (1).

(1) L'armée du Nord fournit bientôt après à l'armée de Versailles
d'excellents éléments, entr'autres ces deux bataillons qui, cernés dans

Pour en revenir à la bataille de Saint-Quentin, la
retraite du général Lecointe avec le 22ᵉ corps avait
été déterminée par les progrès, sur la route de Ham,
contre le 23ᵉ corps de la réserve prussienne comman-
dée par le colonel Von Bœcking, et qui arrivait de
Normandie. Des renforts venant de Paris, le général
Von Gœben dit qu'un seul bataillon était arrivé à
temps pour prendre part au combat; il en conclut que
ces renforts furent comme n'existant pas. Quel militaire admettra ce raisonnement? Est-ce que la certi-
tude de l'arrivée de ces renforts ne lui permettait pas
d'agir sur le champ de bataille, comme il ne l'eût pas
fait sans cela. Si au lieu de lui c'eût été nous qui eus-
sions attendu un renfort de 10,000 hommes dans la
soirée et dans la nuit, croit-il que nous lui aurions
abandonné le champ de bataille? Le succès enivre les
Prussiens; nous avons été cruellement punis de notre
excès de confiance en nous-mêmes, et pourtant notre
vanité n'égalait pas l'orgueil qui s'est aujourd'hui em-
parée de nos vainqueurs.

Le général Von Gœben est très fier de la rapidité
avec laquelle ses troupes se sont concentrées pour
nous attaquer le 18 à Vermand, et nous livrer bataille
le 19 à Saint-Quentin.

Pour s'expliquer cela, le général Faidherbe penssai
qu'à la nouvelle de la reprise de Saint-Quentin, le 15,
par la colonne Isnard, les Prussiens avaient fait des

le jardin du Luxembourg avec une section d'artillerie, du 18 au 23
mars, s'ouvrirent un passage à travers les insurgés en emmenant
armes, canons et bagages, et reçurent, en arrivant à Versailles, les
félicitations du Président de la République et de l'Assemblée.

mouvements dans la direction de cette ville et que
c'était-là la cause de leur avance sur ses prévisions.
Le général Von Gœben dit qu'il n'en est rien. Qu'il
savait bien d'ailleurs que c'était par Saint-Quentin que
l'armée du Nord tenterait une marche sur Paris et
que le général Faidherbe *l'avait formulé lui-même en
présence d'un parlementaire officier prussien*. Ici nous
ne savons si nous devons en croire nos yeux. Est-ce
de niaiserie ou de trahison qu'on accuse le général en
chef de l'armée du Nord? Le général Faidherbe n'a vu
à cette époque aucun officier prussien ; et quant à ses
projets, il ne les faisait connaître, même à son chef
d'état-major, qu'au dernier moment. Les mouvements
de l'armée du Nord étaient toujours tenus tout à fait
secrets et exécutés à l'improviste. Cela avait bien des
inconvénients au point de vue des approvisionne-
ments et des ambulances, mais c'était nécessaire en
face d'un ennemi redoutable qu'il fallait tromper,
harceler, sans lui permettre de combiner des opérations qui eussent compromis le sort de notre armée.
Le général Von Gœben prétend donc qu'il n'a mis le
gros de ses forces en marche vers l'Est sur Saint-
Quentin que lorsqu'il apprit, le 16, qu'Albert était
évacué par nous, c'est-à-dire le 17 au matin. Il insiste
avec complaisance sur la rapidité de son armée et
plaisante sur les prétendues marches forcées de l'armée française, dont il trouve les mouvements incon-
cevablement lents. Nous ne pouvons laisser cela sans
réponse. Jamais les Français n'ont passé pour ne pas
savoir marcher et ils ne méritent pas encore ce reproche dans cette circonstance. Le gros des troupes a

été d'Albert à Vermand en deux marches, le 16 et le 17 ; il fallait faire un détour pour éviter Péronne qui s'était rendu. Cela faisait environ treize lieues en moyenne, soit sept lieues et demie par jour. Le 16, hommes et chevaux pouvaient à peine se tenir debout à cause du verglas ; on était aux jours les plus courts de l'année ; les deux tiers de l'armée, mobiles et mobilisés faisaient là un métier tout nouveau pour eux. Le fait est qu'on n'arrivait à l'étape, après de pénibles efforts, qu'à la nuit. On n'avait ni le temps, ni la force de faire la soupe ; on jetait la viande crue sur les routes et on ne mangeait que du pain. Aussi les troupes étaient exténuées en arrivant à Saint-Quentin ; la vue de l'ennemi leur rendit seule la vigueur qu'elles déployèrent. Voilà pourquoi le général français a appelé cela des marches forcées. Maintenant, quand le général Von Gœben dit que les troupes de la division Von den Grœben parties un jour après les Français firent en un jour ce que ceux-ci avaient fait en deux, plus encore quatre à cinq lieues et demie, ce qui ferait dix-sept ou dix-huit lieues et demie, cela n'est pas croyable. D'abord on ne tient pas compte de ce que les Prussiens suivaient une ligne droite en passant par Péronne qui était en leur pouvoir ; ensuite, il est probable que l'avant-garde de la division Von den Groeben, qui lutta le 18 au soir contre une partie du 23° corps français à Vermand, était partie de cantonnements bien à l'est d'Amiens. Nous ne nions pas que les Allemands aient très bien marché le 17 et le 18 ; mais des troupes françaises normales en auraient fait autant. Il est à noter encore que le jour où les chemins

étaient le plus mauvais, ce fut le 16, jour où les Prussiens ne marchèrent pas; le 17 le dégel avait com-
mencé. De plus, on sait que dans l'armée française
beaucoup de chaussures étaient mauvaises, les circonstances ayant obligé à tout accepter des fournis-
seurs. Enfin, les saucisses des Prussiens qui les dis-
pensent de faire la cuisine, s'ils n'en ont pas le temps,
sans qu'ils soient pour cela privés de viande, sont pour
eux un avantage bien précieux dans de pareils coups
de feu.

On ne peut réellement, sans injustice, accuser l'armée française du Nord d'avoir manqué de rapidité;
elle a fait, sous les ordres du général Faidherbe, du
8 décembre au 21 janvier, c'est-à-dire en 45 jours,
157 lieues en moyenne. Cela constitue une très grande
mobilité, et il fallait cela pour ne pas permettre à l'ennemi de ces combinaisons qui, coupant la retraite à
l'armée du Nord, eût fini par amener une catastrophe
de plus.

Le général Von Goeben, dans son désir de ne laisser
à l'armée du Nord aucun mérite quel qu'il soit, nie,
qu'elle ait délivré le Havre par sa marche agressive
sur Saint-Quentin, Ham et La Fère, dans la première
quinzaine de décembre, et, à côté de cela, il avoue
que, Ham ayant été enlevé par nous le 10, le 11 il
quitta Bolbec à marches forcées pour venir à nous. Il
était à Bolbec avec la mission de voir s'il pourrait ten-
ter quelque coup de main sur notre grand port de
commerce. Mais, dit-il, il avait reconnu que ce
coup de main était au-dessus de ses forces pour le
moment. Donc, conclut-il, le général Faidherbe se

vante à tort d'avoir dégagé le Havre. Ce raisonnement est très singulier; forcer le 8ᵉ corps prussien à quitter les environs du Havre, où il se trouve
avec des intentions hostiles contre cette ville, cela
s'appelle bien dégager le Havre. Si le 11 le général
Von Goeben ne trouvait rien à faire, qui dit que le général Menteuffel ne lui eût pas envoyé de Rouen, ou
le général de Moltke de Paris des renforts, qui l'eussent mis à même de bombarder cette ville. Car il est
à noter que le général Von Goeben, tout en préten-
dant que les procédés impitoyables des Prussiens dans
leur campagne de France, n'ont été que la reproduc-
tion et les représailles de ce que les Français ont fait
en Allemagne sous Napoléon Iᵉʳ, admet en principe le
bombardement des villes, pour, les raisons que le général Faidherbe a indiquées dans son ouvrage,
page 57 ; or, il est probable que le Havre n'aurait pas
résisté à un bombardement de quelques jours.

Nous terminerons ici cette réponse, qui avait pour
double but : 1° de défendre la bonne foi et la véracité
des chefs de l'armée du Nord dans leurs rapports ;
2° de montrer à ces mêmes chefs et à leurs soldats
qu'ils peuvent continuer à croire qu'ils ont fait noble-
ment leur devoir et que leurs efforts ont été honora-
bles et utiles à leur pays.

L. F.

Paris, le 1ᵉʳ février 1873.

La composition de l'armée du Nord ne se trouvant pas dans la relation du général Faidherbe, nous la donnons ici, ainsi que celle de l'armée prussienne.

ARMÉE DU NORD A LA BATAILLE DE SAINT-QUENTIN

Général en chef : général de division FAIDHERBE.

Aide-de-camp : chef de bataillon du génie Richard.

Officiers d'ordonnance : De Lamolère, lieutenant de spahis. — Bourdonnay du Clésio, officier de la garde mobile. — Crespel, officier de la garde mobile. — Decroix, officier de la garde mobile. — Desrousseaux, officier de la garde mobile. — Haubourdin, officier de la garde mobile. — D'Hespel, officier de la garde mobile. — Masquelez, officier de la garde mobile. — Montaudon, officier de la garde mobile.

Major-général : général de division FARRE.

Major-général adjoint : colonel du génie de Villenoisy.

chef de bataillon du génie de Peslouan.

id.   id.   Mélard.

Commandant l'artillerie de l'armée : lieutenant-colonel Charon.

Chef d'état major : commandant Bodin.

Commandant le génie de l'armée : colonel Milliroux.

Chef d'état-major : colonel de la Sauzaie.

Grand-prévôt : commandant de Courchamps.

Intendant en chef : Richard,

Intendant : Charpentier,

Médecin inspecteur en chef : Laveran,

Pharmacien en chef : Coulier,

Payeur principal : Courtiade.

Troupes attachées au grand quartier-général, colonel Barbault de Lamotte : 3 escadrons du 7ᵉ dragons ; 2 escadrons du 4ᵉ dragons.

Réserve d'artillerie, lieutenant de vaisseau Giron : 1ʳᵒ batterie de marine : lieutenant La Chapelle. 2ᵉ batterie de marine : capitaine Gaignaud.

22ᵉ CORPS D'ARMÉE.

Commandant : général de division LECOINTE.

Chef d'état-major : capitaine Farjon, du génie.

Commandant de l'artillerie : commandant Pigouche.

Commandant du génie : commandant Thouzellier.

Prévôt : capitaine Bollenot.

Intendant : Puffeñez.

Médecin en chef : Jourdeuil.

Troupes attachées au quartier-général : 2ᵉ compagnie bis du 2ᵉ régiment du génie, capitaine Sambuc.

1ʳᵉ DIVISION D'INFANTERIE

Général : DERROJA.

Chef d'état-major : Commandant Jarriez.

Prévôt : capitaine Monnier.

Intendant : Bonnaventure.

PREMIÈRE BRIGADE. — Lieutenant-colonel Aynès.

2ᵉ bataillon de marche de chasseurs : commandant Boschis.

67ᵉ régiment de marche (2 bataillons du 75ᵉ, 1 bataillon du 65ᵉ) lieutenant-colonel Fradin de Linières.

91ᵉ régiment de mobiles (5ᵉ, 6ᵉ et 7ᵉ bataillons du Pas-de-Calais) : lieutenant-colonel Fovel.

DEUXIÈME BRIGADE. — Colonel Pittié.

17° bataillon de marche de chasseurs : commandant Moynier,
68° régiment de marche (2 bataillons du 24°, 1 bataillon du 64°) :
lieutenant-colonel Cottin.
46° régiment de mobiles (1ᵉʳ, 2° et 3° bataillons du Nord) :
lieutenant-colonel de Laprade.

ARTILLERIE. — Commandant : capitaine Cornet.

2° batterie principale du 15° régiment : capitaine Bocquillon.
1ʳᵉ batterie *bis*   id.   capitaine Collignon.
3° batterie *bis*   du 8° régiment : capitaine de Montebello.

2° DIVISION D'INFANTERIE.

Général : DU BESSOL.
Chef d'état-major : commandant Zédé.
Prévôt : capitaine Martin.
Intendant : Lafosse.

PREMIÈRE BRIGADE. — Colonel Foerster.

20° bataillon de chasseurs : commandant Hecquet.
69° régiment de marche (2 bataillons du 43°, 1 bataillon d'infanterie de marine) . lieutenant-colonel Pasquet de la Broue.
44° régiment de mobiles (2°, 3° et 3° *bis* du Gard) : lieutenant-
colonel Lemaire.

DEUXIÈME BRIGADE. — Colonel de Gislain.

18° bataillon de chasseurs : commandant Vaton.
70° régiment de marche (2 bataillons du 91°, 1 bataillon du 24°) :
lieutenant-colonel Delpech.
Régiment de mobiles de Somme et Marne : lieutenant-colonel
Brouard.

ARTILLERIE. — Commandant : commandant Chaton.

2° batterie *ter* du 15° : capitaine Marx.
3° batterie *bis* du 15° : capitaine Chastang.
3° batterie principale du 12° : capitaine Beauregard.

23ᵉ CORPS D'ARMÉE.

Commandant : général de division PAULZE D'IVOY.

Chef d'état-major : lieutenant-colonel Marchand.

Commandant de l'artillerie : commandant Grandmottet.

Commandant du génie : commandant Allard.

Prévôt : capitaine Buzeron.

Intendant : Joba.

Médecin en chef : Baudoin.

Troupes attachées au quartier-général : 2ᵉ compagnie du dépôt du 3ᵉ régiment du génie; capitaine Mangin.

1ʳᵉ DIVISION D'INFANTERIE.

Capitaine de vaisseau PAYEN.

Chef d'état-major : commandant Jacob.

Prévôt : lieutenant Gontier.

Intendant : Létang.

PREMIÈRE BRIGADE. — Lieutenant-colonel Michelet (du génie).

19ᵉ bataillon de marche de chasseurs : commandant Wasmer.

Régiment de fusiliers marins : capitaine de frégate Granger.

48ᵉ régiment de mobiles (7ᵉ 8ᵉ et 9ᵉ bataillons du Nord : lieutenant-colonel Decoutin.

DEUXIÈME BRIGADE.—Colonel de La Grange (capitaine de frégate).

24ᵉ bataillon de marche de chasseurs : commandant de Négrier.

73ᵉ régiment de marche (1 bataillon de mobilisés d'Arras : commandant Rameaux ; 1 bataillon du 33ᵉ et 1 du 65ᵉ).

47ᵉ régiment de mobiles (4ᵉ, 5ᵉ et 6ᵉ bataillons du Nord) : lieutenant-colonel Lebel.

ARTILLERIE. — Commandant : capitaine Ravaud.

2e batterie du 15e : capitaine Halphen.
Batterie de mobiles d'Arras : capitaine Dupuich.
4e batterie *bis* du 15e : capitaine Dieudonné.

2e DIVISION D'INFANTERIE (mobilisés)

Général ROBIN (armée auxiliaire).

Chef d'état-major : colonel Astré.
Prévôt : capitaine Tailhades,
Intendant : Bohy.

PREMIÈRE BRIGADE. (Garde nationale mobilisée.)
Colonel Brusley.

1er et 2e bataillons de voltigeurs : commandant Foutrein.
1er régiment de marche : lieutenant-colonel Loy.
6e   —   lieutenant-colonel N...

. DEUXIÈME BRIGADE. (Garde nationale mobilisée.)
Colonel Amos.

4e bataillon de la 5e légion : commandant Lacourte-Dumont.
3e régiment de marche : lieutenant-colonel Chas.
4e   id.   lieutenant-colonel Brabant.

CAVALERIE. (Garde nationale mobilisée.)
Un demi-escadron : capitaine Leclaire.

ARTILLERIE. (Garde nationale mobilisée.)
Commandant : commandant De Saint-Vulfrand.

2e batterie de montagne de la Seine-Infér.: capitaine Montégut.
4e batterie de montagne de la Seine-Infér.: capitaine De Lannoy
Batterie de montagne du Finistère : capitaine Benoist.

NON INCORPORÉS DANS L'ARMÉE DU NORD.

Une brigade de mobiles : colonel Isnard.

Une brigade de mobilisés (du Pas-de-Calais) : général Pauly (armée auxiliaire).

ARMÉE PRUSSIENNE A LA BATAILLE DE SAINT-QUENTIN

Général en chef: Von GOEBEN.

15ᵉ DIVISION D'INFANTERIE DU 8° CORPS PRUSSIEN , *général :* Von Kummer.

16° DIVISION D'INFANTERIE DU 8° CORPS PRUSSIEN, *général :* Von Barnekow.

DIVISION DE RÉSERVE D'INFANTERIE ET D'ARTILLERIE, *général :* Son Altesse royale le prince Albert de Prusse.

3° DIVISION DE CAVALERIE PRUSSIENNE, *général :* comte Von den Grœben.

DIVISION DE CAVALERIE SAXONNE, *général :* comte de Lippe.

UNE BRIGADE D'INFANTERIE DU 1ᵉʳ CORPS, *général :* Mémerty.

UNE BRIGADE DU 4° CORPS, DE L'ARMÉE DE PARIS, (arrivée dans la soirée), *général :* N..

ARTILLERIE. — 161 bouches à feu.

www.ingramcontent.com/pod-product-compliance
Lightning Source LLC
Chambersburg PA
CBHW060746280326
41934CB00010B/2373